OBSERVATIONS

SUR LES LOIS

RELATIVES AU PAIEMENT

DES

LETTRES DE CHANGE;

Ouvrage dans lequel on essaie de démontrer que l'interprétation de certains articles de l'ordonnance de 1673, telle qu'elle est adoptée par quelques tribunaux de commerce, est subversive des principes de justice et de commerce, et contraire au véritable sens de l'ordonnance.

A PARIS,

DE L'IMPRIMERIE DE LOGEROT,

Rue Honoré, n°. 41, vis-à-vis la place Vendôme.

AN VII.

PRÉFACE.

L'AUTEUR de cet ouvrage est convaincu que l'incertitude et l'obscurité dont on suppose généralement que nos lois sur les lettres de change et les billets à ordre sont accompagnées, ne viennent que des faux principes qui ont été adoptés en conséquence d'une interprétation vicieuse d'une seule expression de l'ordonnance de 1673. Son but est de prouver que les lois sur cette matière, une fois dégagées de cette errreur, seront, comme elles doivent l'être, si claires et si simples, que les hommes de l'intelligence la plus ordinaire pourront les comprendre facilement, et qu'il deviendra impossible d'en faire une fausse application.

Si cette discussion paraissait trop longue, on voudra bien observer que les erreurs qu'il s'agit de réfuter, sont en grand nombre, et que plusieurs d'entre elles sont fondées sur des principes si vagues, qu'elles exigent presque autant de soin pour en découvrir l'étendue et les expliquer, que pour les réfuter.

Les articles suivans de l'ordonnance de 1673, sont ceux auxquels se raportent la discussion que l'on trouvera dans cet ouvrage :

TITRE V.

Art. 13. Ceux qui auront tiré ou endossé les lettres seront poursuivis en garantie dans la quinzaine, s'ils sont domiciliés dans la distance de dix lieues, et au-delà à raison d'un jour pour cinq lieues, sans distinction du ressort des parlemens ; savoir, pour les personnes domiciliées dans notre royaume ; et hors icelui, les délais seront de deux mois pour les personnes domiciliées en Angleterre, Irlande ou Hollande ; de trois mois, pour l'Italie, l'Allemagne et les Cantons suisses ; de quatre mois pour l'Espagne ; de six pour le Portugal, la Suède et le Dannemarck.

Art. 14. Les délais ci-dessus seront comptés du lendemain des protêts jusqu'au jour de l'action en garantie inclusivement, sans distinction de dimanches et jours de fêtes.

Art. 15. Après les délais ci-dessus, les porteurs des lettres seront non-recevables dans leur action en garantie, et toute autre demande contre les tireurs et endosseurs.

Art. 16. Les tireurs *ou* endosseurs des lettres seront tenus de prouver, en cas de dénégation, que ceux, sur qui elles étaient tirées, leur étaient redevables ou avaient provision au tems qu'elles ont dû être protestées ; sinon, ils seront tenus de les garantir.

Art. 17. Si depuis le tems réglé pour le protêt, les tireurs *ou* endosseurs ont reçu la valeur en argent ou en marchandises par compte, compensation ou autrement, ILS *seront* AUSSI *tenus* de la garantie.

Art. 31. Le porteur d'un billet négocié sera tenu de faire

ses diligences contre le débiteur dans dix jours , s'il est pour valeur reçue en deniers ou en lettres de change qui auront été fournies , ou qui le devront être , et dans trois mois , s'il est pour marchandises ou autres effets. Et seront les détails comptés du lendemain de l'échéance , icelui compris.

Art. 32. A défaut du paiement du contenu dans un billet de *change*, le porteur sera tenu de faire ses diligences à celui qui aura signé le billet ou l'ordre ; et l'assignation en garantie sera donnée dans les délais ci-dessus prescrits pour les lettres de change.

OBSERVATIONS
SUR LES LOIS
RELATIVES AU PAIEMENT
DES
LETTRES DE CHANGE.

CHAPITRE Ier.

Des lettres de change et billets à ordre dont le porteur a négligé de faire ou de signifier le protêt en tems prescrit ; et des cas où les tireurs ou endosseurs de ces effets sont tenus de les rembourser.

L'OBLIGATION contractée dans ces cas, dépend ou de la nature des lettres de change en elles-mêmes et des principes généraux du commerce, ou de l'interprétation de l'ordonnance de 1673.

Examinons à présent ces deux bases d'obligation, chacune séparément.

Quels sont les cas où les tireurs et endosseurs de lettres de change (dans les circonstances ci-dessus indiquées, ont été sujets à remboursement, indépendamment de l'ordonnance de 1673?

Tout le monde convient que toutes les fois que le porteur d'une lettre de change a soin de la faire duement protester, faute d'acceptation ou de paiement, et qu'il a duement notifié le protêt, le tireur et endosseur sont alors tous deux sujets au remboursement, l'un précisément de la même manière que l'autre.

On convient également que, dans les cas où le protêt n'a pas été duement fait et notifié, les tireurs et endosseurs sont, en général, dégagés de toute obligation, mais que l'accepteur y reste toujours sujet, nonobstant toute négligence de la part du porteur.

Cette distinction entre la situation des accepteurs et celle des tireurs et endosseurs est parfaitement juste, parce qu'il ne tient qu'à l'accepteur lui-même d'acquitter sa promesse. Il n'a pas stipulé qu'un autre paierait, il a promis de payer lui-même. Ainsi aucune négligence, soit à protester la traite, soit à notifier le protêt, n'a pu lui faire aucun tort, ni le dégager de son obligation. — D'un autre côté, l'engagement attaché à la signature des tireurs et endosseurs ne porte pas que ce sont *eux* qui paieront à l'échéance, mais bien que ce sera *un autre*, et qu'à défaut de paiement de sa part, ils paieront eux-mêmes. Or, dans ce cas, il est parfaitement juste que le porteur de la traite soit tenu de la présenter, à tems, à *cet autre* qui doit payer. Il est tout aussi juste que le porteur, s'il veut réclamer la garantie des tireurs et endosseurs, soit tenu de les avertir, à tems convenable, du refus de paiement par l'accepteur; car sans l'avertissement du porteur, il peut arriver qu'ils n'en soient jamais instruits. Ils sont exposés à perdre l'occasion d'obtenir leur remboursement de la part de l'accepteur, ou de celui qui tient les fonds, ou de tout autre sur lequel ils ont droit, de quelque manière que ce soit, de faire des réclamations. Il se peut aussi qu'à une époque éloignée ils se trouvent débiteurs de sommes considérables qu'ils n'avaient jamais cru devoir. Ils ont pu s'engager dans des opérations pour lesquelles leurs fonds deviendraient maintenant insuffisans, s'il fallait qu'ils fussent exposés à des réclamations de cette espèce, après avoir cru que la traite était payée depuis long-tems. Enfin, dans un pareil état de choses, il leur serait impossible de jamais connaître au juste l'état de leurs affaires. — Ces principes justes sont généralement adoptés, et ils s'appliquent également aux tireurs et aux endosseurs.

Il se trouve pourtant une circonstance où le tireur ou endosseur ne saurait être lésé par la négligence du porteur; c'est lorsque, par des moyens quelconques, le tireur ou un endosseur se trouve avoir les fonds entre les mains. En effet, si le tireur ou endosseur a réellement les fonds entre les mains, il n'a pas besoin de notification, ni pour assurer sa garantie, attendu qu'il est déja payé, ni pour connaître l'état de ses affaires, vu que, par la possession des fonds, il sait déja qu'il en est redevable à quelqu'un.

Ceci arrive quand le tireur a négocié la traite, et en a touché la valeur, mais sans jamais la remettre à l'accepteur. Dans ce cas, c'est le tireur qui se trouve nanti des fonds. Si le tireur a livré la traite au premier endosseur sans en avoir reçu le paiement, et que ce premier endosseur l'ait vendue et en ait retiré le montant, mais sans le verser entre les mains du tireur ou de l'accepteur, alors c'est le premier endosseur qui tient les fonds, et il ne saurait être lésé en les remettant au porteur de la traite. Il en est de même de tout autre endosseur qui se trouve dans les mêmes circonstances. La même chose arrive toutes fois que, par des opérations subséquentes, le tireur ou endosseur se trouve redevable envers l'accepteur.

Dans tous ces cas, le tireur ou endosseur qui tient ainsi les fonds entre ses mains ne peut refuser de payer la traite, quelque négligence que le porteur ait mise à la protester. Mais aussi il y aurait de l'injustice de la part du porteur à exiger le paiement de la traite, de tout autre tireur ou endosseur qui ne se trouve pas avoir les fonds, et qui, par la négligence du porteur, courrait les risques de perdre l'occasion de se garantir.

Le tireur ou endosseur qui se trouve nanti des fonds, les doit naturellement à quelqu'un, et il s'en faut de beaucoup que ce soit pour lui une chose onéreuse que de les payer au porteur de la traite. Au contraire, c'est un privilége pour celui qui tient les fonds, de pouvoir les verser là où il peut retirer sa signature ; car c'est toujours un malheur pour un négociant ou banquier que sa signature circule sur des traites, quand même, d'après les circonstances de cette signature, il ne peut exister aucune réclamation sur ses propres fonds ; et puisqu'il faut payer à quelqu'un, c'est un avantage pour lui de se trouver dans le cas de payer au porteur de sa propre signature, attendu qu'il la retire au moyen de ces fonds, qu'autrement il eût été tenu de verser ailleurs.

Mais dans cette circonstance, *il n'est pas débiteur uniquement parce que sa signature se trouve sur la traite ;*

l'obligation de payer vient de ce qu'il a entre les mains des fonds qui ne lui appartiennent pas ; et qu'alors la traite devient, relativement à lui, une délégation pour ces fonds.

Dans tous ces cas, il ne peut y avoir de différence entre les tireurs et les endosseurs ; il est juste que les uns soient obligés de la même manière que les autres, à payer les fonds, lorsque ceux-ci se trouvent entre leurs mains, mais ni les uns ni les autres n'y sont tenus qu'autant qu'ils sont nantis des fonds.

Il résulte de ces principes :

1°. Que toutes les fois que le porteur d'une traite a soin de la protester duement et de faire notifier à tems le protêt, il a un titre absolu et valable sur tout tireur et endosseur, attendu que, par leur signature, ils sont tenus de la garantie ;

2°. Que les porteurs de traites ne perdent jamais le droit de recours contre les accepteurs, pour cause de négligence quelconque, par la raison que l'accepteur a promis de payer lui-même, qu'ainsi il n'a pas eu besoin de notification et n'a pas pu être lésé par la négligence du porteur ;

3°. Que la négligence du porteur à faire le protêt et à le notifier *dégage entièrement les tireurs et endosseurs de toute responsabilité provenant simplement de leurs signatures* ; car n'ayant rien promis dont l'exécution dépendît uniquement d'eux-mêmes, mais ayant seulement promis *que d'autres paieraient*, il était du devoir du porteur de prévenir sur-le-champ du refus de paiement, tous ceux dont il se proposait de réclamer, d'une manière quelconque, la garantie ;

4°. Que s'il arrive, par des moyens quelconques, que les fonds se trouvent entre les mains d'un des tireurs ou endosseurs, le porteur, malgré tout défaut de diligence de sa part, a toujours droit de recours contre celui qui tient les fonds, attendu que ce dernier n'a pu être lésé par le défaut de notification.

Ces principes sont trop simples et trop justes pour ne pas avoir été adoptés universellement.

Aussi telle était la loi lors de la publication de l'ordonnance de 1673, et telle elle est encore aujourd'hui, à moins que le but de l'ordonnance n'ait été de la changer.

Il se trouve néanmoins des personnes qui s'imaginent que, par cette ordonnance, on a voulu rendre responsables tous tireurs et endosseurs à quelqu'époque que ce soit, et malgré tout défaut de diligence de la part du porteur, à l'exception du cas où les tireurs ou endosseurs peuvent *justifier que ceux, sur qui les traites étaient tirées, avaient réellement les fonds entre les mains, et cela à l'époque même de l'échéance.*

S'il est vrai que l'ordonnance ait eu cette intention, elle a produit un changement vaste et radical dans la loi relative aux lettres de change.

Mais loin d'annoncer une pareille intention, elle paraît, d'après sa teneur générale, n'être autre chose qu'une ordonnance réglementaire.

Les articles 13 et 14 du titre 5 déterminent le nombre de jours dans lesquels il faut faire et notifier le protêt. Le 15°. déclare que si le protêt n'a pas été fait et notifié dans l'espace de tems indiqué par les deux articles précédens, tous tireurs et endosseurs sont dès-lors dégagés de leurs obligations.

Mais le rédacteur de cet article s'étant apperçu qu'en laissant le texte de l'ordonnance dans cet état, il exemptait de toute poursuite les tireurs et endosseurs, quand même ils auraient les fonds entre les mains, et cette exemption lui ayant paru non-seulement contraire à la loi qu'il n'entendait pas changer, mais aussi en contradiction avec les principes les plus simples de la justice, il a, en conséquence, ajouté le 16e. article pour conserver le droit du porteur contre les tireurs ou endosseurs qui pourraient avoir les fonds. Pour arriver à ce but, il s'est rappelé d'abord que le tireur d'une traite la négocie ordinairement et en reçoit la valeur ; que, par conséquent, il est redevable au porteur, à moins qu'il ne prouve avoir remis les fonds à celui sur qui la traite a été tirée, car le tireur n'a pu remettre les fonds à d'autres : d'un autre côté, il a senti que c'est quelquefois l'endosseur qui reçoit les fonds sans qu'ils passent jamais entre les mains du tireur, et que, dans ce cas, ce n'est plus le tireur, mais l'endosseur qui doit payer, à moins que, de son côté, il ne prouve avoir remis les fonds à celui sur qui la traite a été tirée.

L'article porte donc, non que les *tireurs*, ni que les tireurs *et* endosseurs, mais que les tireurs *ou* endossseurs *seront tenus de prouver que ceux sur qui les traites étaient tirées, leur étaient redevables, ou avoient provision au tems qu'elles ont dû être protestées* ; (art. 17) *et si depuis le tems réglé pour le protêt, les tireurs ou endosseurs ont reçu la valeur en argent ou autrement,* ILS *seront* AUSSI *tenus de la garantie.* Qui d'entre les tireurs ou endosseurs sera tenu de prouver que ceux sur qui la traite était tirée avaient provision ou lui étaient redevables ? Ce n'est pas assurément le tireur ou endosseur, qui n'a jamais touché un sou ; ni celui-là non plus qui a payé, comme il a dû le faire, la valeur de la traite à la personne de qui il l'a achetée. Et qui donc ? Le 16e. article a sûrement entendu le tireur ou endosseur qui a touché les fonds lors de l'opération ; de même que le 17e. a entendu celui qui les a touchés par une opération subséquente. Ces deux articles sont frères et se ressemblent parfaitement. L'un parle de celui qui a reçu l'argent à l'époque de la négociation ; l'autre, de celui qui l'a reçu postérieurement. — Chaque tireur ou endosseur est tenu de prouver qu'il a fait provision des fonds là où il était de son devoir de le faire. Le tireur, dans le cas où il a reçu les fonds de l'endosseur, est tenu de prouver qu'il a fait provision entre les mains de celui sur qui la traite a été tirée, car il n'a pu les payer à d'autres qu'à lui. L'endosseur, de son côté, est tenu de prouver qu'il a fait remise des fonds, si, en ne payant pas le tireur ou quelque endosseur antérieur, les fonds lui restent entre les mains.

L'unique but de l'article est de forcer les tireurs *ou* les endosseurs à répondre, *chacun pour soi*, des fonds qu'ils peuvent avoir entre les mains, et non de rendre un tel responsable parce que tel *autre* a les fonds.

C'est dans ce sens que tout le monde a constamment entendu le 17e. article qui est un supplément du 16e.

Il ne suffisait pas de déclarer redevables les tireurs *ou*

les endosseurs nantis des fonds qu'ils avaient reçus à l'époque de l'opération ; ceux encore qui, par l'effet d'une opération subséquente, auraient reçu les fonds, devraient également payer la traite, et précisément par la même raison qu'ils y auraient été tenus, s'ils avaient les fonds à l'époque de l'échéance. Aussi l'ordonnance porte : *Si depuis le tems réglé pour le prôtêt, les tireurs ou endosseurs ont reçu la valeur, ILS seront AUSSI tenus.*

Personne n'a jamais imaginé, sans doute, que *tous* les tireurs et endosseurs fussent tenus de payer, parce qu'*un* d'entr'eux a reçu les fonds au moyen d'une opération *subséquente*. Chacun doit payer en tant qu'il tient les fonds et rien de plus. Voilà aussi le sens que l'on a toujours attaché au 17e. article qui, par sa nature, n'en fait qu'un avec le 16e. On y trouve le même langage, non par la répétition des mots, mais par la manière dont il s'y attache, en rapportant les expressions, *seront AUSSI tenus*. La rédaction en est inexacte sans contredit ; mais les motifs, l'objet et le langage sont les mêmes dans les deux articles, et il faut les entendre de même. En effet, que les fonds soient venus entre les mains de l'endosseur par la négociation de la traite, ou par une opération suséquente, peu importe : il ne peut y avoir de différence quant à l'obligation.

Par quelle étrange confusion est-il donc arrivé que certaines personnes se soient imaginées qu'il fallût donner au 16e. article une interprétation telle qu'il en résulterait le bouleversement de tous les principes établis, au point que tous les tireurs et endosseurs déclarés non-redevables (par le 15e. article), sont tous de nouveau déclarés responsables parce que les fonds se trouvent dans les mains d'*un* d'entre eux ? Pourquoi ces commentateurs, après avoir adopté cette idée, se sont-ils arrêtés au milieu de leur système, et n'ont-ils pas établi en principe que tous les tireurs et endosseurs seront tenus de payer, dans le cas où quelqu'un d'entre eux aurait reçu les fonds au moyen d'une opération *subséquente*, aussi bien que s'ils les avaient reçus par la négociation de la traite ? La raison n'en est-elle pas la même ? En parlant de l'un et l'autre cas, l'ordonnance ne dit-elle pas du dernier, *ils seront AUSSI tenus*, ce qui se rapporte directement au premier ? Pourquoi donc imaginer des distinctions ou faire des différences ?

Nous aurons bientôt occasion de démontrer que les partisans de cette interprétation ne sont pas seulement forcés, en expliquant le 16e. article, de donner à la même chose un sens différent de celui qu'ils y attachent en expliquant le 17e. ; mais aussi que, dans le même article, ils sont forcés de donner aux mêmes expressions tel sens en parlant d'un objet, et tel autre directement contraire, en parlant d'un autre objet de même nature.

Les billets de change, les billets à ordre et les billets négociés de toute espèce sont, relativement aux endosseurs, précisément la même chose que les lettres de change. Le tireur d'un de ces billets n'est autre chose que l'accepteur d'une lettre de change, et le premier endosseur d'un pareil billet est précisément le tireur d'une lettre de change. L'ordonnance considère si bien tous ces différens effets, comme étant absolument de même nature par rapport à la responsabilité des endosseurs, qu'elle

leur a rendu le même article commun à tous : c'est-à-
dire, elle parle d'abord des *lettres de change*, et établit,
par différens articles, un grand nombre de règles concernant les protêts : puis, dans les 13e. et 14e. articles,
elle limite le tems dans lequel il faut faire les protêts, et
dans les trois articles suivans (savoir, les 15, 16 et 17) ;
elle énonce quels seront, relativement aux tireurs et endosseurs, les effets de la négligence que l'on pourra
mettre à protester. Ici finit la matière, quant *aux lettres
de change*, qui seules, jusque là, avaient fait le sujet de
cette partie de l'ordonnance. Ensuite elle continue à pres-
crire des règles relativement aux *billets* de différentes espèces ; et, parvenue au 31e. article, elle fixe le tems auquel les porteurs de ces billets seront tenus *de faire leurs
diligences*, ou autrement, quels seront les jours de grâce ;
enfin le 32e. article déclare *que le porteur d'un billet de
change sera tenu de notifier le protêt* aux endosseurs *dans
les délais ci-dessus prescrits pour LES LETTRES DE CHANGE.*
Là se termine l'ordonnance en tant qu'elle a rapport aux
endosseurs. Il n'y a donc point d'article, dans l'ordonnance, qui se rapporte aux endosseurs de *billets*, à l'exception de ceux relatifs aux lettres de change. Aussi les
tribunaux ont-ils toujours prononcé sur la responsabilité
des endosseurs de billets et des endosseurs de lettres de
change, d'après les mêmes articles. Le commentateur,
dont les notes paraissent avoir donné lieu à l'opinion
que *tous* les tireurs et endosseurs sont tenus de payer,
dans le cas où *quelqu'un* d'entre eux a les fonds, nous dit
que les articles relatifs au nombre de jours sous lequel
il faut notifier le protêt des lettres de change, sont com-

muns à toutes les espèces de billets, *attendu que la raison en est la même;* et cependant, lorsque les partisans de cette opinion viennent à appliquer ces articles aux endosseurs de *billets*, ils saisissent parfaitement bien l'esprit de l'article, et reconnaissent qu'il n'y a de responsable que celui qui tient les fonds; ce qui est directement contraire au sens qu'ils donnent à l'article, lorsqu'ils l'appliquent aux endosseurs de lettres de change. Il est impossible que l'une et l'autre interprétation soit juste, et il est tout aussi impossible que la règle, telle qu'ils l'entendent relativement aux *billets*, soit faussement interprétée.

S'il était possible de trouver de la différence entre la nature des *lettres de change* et celle des *billets à ordre*, relativement à la responsabilité des endosseurs, elle viendrait de ce que les premières sont des effets plus communs dans le commerce étranger; et dans le commerce que se fait entre des endroits du même territoire, éloignés les uns des autres. Il y a donc un double inconvénient à changer la loi à leur égard, et à l'établir sur des principes inconnus dans les pays étrangers; d'où il résulterait que le même effet deviendrait, dans un endroit, un objet différent de ce qu'il est dans un autre. L'endosseur, qui serait forcé de se rendre en pays étranger, pour s'y assurer de l'état des fonds, est exposé d'ailleurs à plus de difficultés que l'endosseur d'un effet qui ne circule pas au loin, sur-tout lorsque, dans ces pays étrangers, il n'existe rien de pareil à la règle qu'on voudrait ici établir, et que, par conséquent, cet endosseur ne peut pas avoir l'aide des tribunaux. Il est aussi plus intéressant pour l'endosseur d'une de ces lettres de change sur l'é-

tranger, que le protêt lui soit notifié à tems par le porteur, attendu qu'il est moins en état de connaître la situation d'une traite qui doit être payée au dehors, qu'il ne
le serait relativement à un billet dont tous les signataires
se trouveraient dans une même ville. Il est vrai que ceci
ne devrait faire aucune différence; s'il pouvait y en avoir,
elle devrait opérer de manière à exiger une plus stricte
diligence de la part des porteurs de *lettres de change*, que
des porteurs de *billets*; et on veut précisément le contraire.

Peut-on raisonnablement croire que le but de l'ordonnance ait été de soumettre les habitans de la France à
un degré de responsabilité dont ils ne pourraient trouver la réciprocité en pays étranger? Un Français, porteur
d'une traite qui a été tirée ou endossée par un étranger,
n'a pas de recours contre lui, à moins qu'il n'ait fait
son protêt, et qu'il ne l'ait exactement notifié, suivant
la loi. Il en est tout autrement d'un étranger, s'il est vrai
que l'ordonnance ait voulu que tout endosseur (à moins
qu'il n'ait prouvé avoir remis les fonds à celui sur qui la
traite est tirée) restât toujours redevable, à défaut même de notification du protet. Un étranger, au contraire,
porteur d'une traite revêtue des signatures de la moitié
des maisons de Londres, d'Amsterdam ou de Hambourg
(toutes quittes de leurs obligations par la négligence du
porteur), a le droit, s'il y trouve la signature d'un seul
Français, de faire des réclamations sur lui, et de le forcer
à payer, ou à prouver qu'il avait été fait, par quelqu'un
de ces étrangers, provision des fonds chez quelqu'autre
d'entre eux. Dans de pareilles circonstances, les étrangers, chez qui nous irions voyager pour faire des recher-

ches à cet égard, ne pourraient que se moquer de notre folie, en nous voyant prendre tant de peine pour constater ce qui ne peut, en aucune manière, intéresser ni les principes de la justice, ni ceux du commerce.

Ce qu'il y a de plus surprenant dans cette affaire, c'est que la règle par laquelle on voudrait établir la responsabilité d'endosseurs, qui non seulement ne tiennent pas les fonds, mais qui sont restés plusieurs années, peut-être, sans avoir reçu de notification, est censée venir d'une ordonnance dont toute la teneur décèle l'intention la plus marquée de forcer tout porteur de traites à faire et à notifier le protêt en tems convenable. La fausse interprétation que l'on voudrait donner au 16e. article de l'ordonnance en détruit aussi complettement le but, quant à l'obligation *de faire diligence*, que si l'on eût renversé la construction entière de tous les articles. Cela est si vrai, que plus le porteur néglige de faire la notification, plus il est sûr de son recours, attendu que, par cette négligence, il devient plus difficile aux tireurs et aux endosseurs de prouver l'état des comptes entre des tiers.

Les porteurs de traites, qui ont soin de protester et de faire notifier à tems, n'ont pas besoin de demander qui tient les fonds, mais s'ils négligent de faire ce qui est de leur devoir quant au protêt, ils ne sauraient prendre les fonds *que là où ils existent.*

Un négociant peut prêter sa signature sur des traites, sans avoir un sou de fonds entre les mains, et il est avantageux pour le commerce que cela ait quelquefois lieu. Mais cette opération n'eût jamais pu exister, si la

signature, une fois donnée, était censée durer pour la
vie. Il ne serait pas moins contraire aux intérêts du commerce qu'aux principes de la justice, que le porteur
d'une traite ainsi signée vînt trouver le signataire bien
des années après que ce dernier eût supposé le paiement
effectué, et qu'il l'obligeât ou de payer la traite, ou de
prouver que quelqu'autre, dont il ne peut connaître et
encore moins constater l'état des comptes, avait fait provision des fonds entre les mains de l'accepteur. Tout
homme peut exposer l'état de ses propres comptes ;
mais il est difficile de constater l'état des comptes entre
des tiers ; c'est d'ailleurs là une matière au sujet de laquelle il ne devrait jamais être enjoint, ni même per-
mis à personne de faire recherches.

Il suffit pour cet homme qui prête ainsi sa signature
ou qui, pour toute autre raison, vient à signer une
traite, qu'il soit assuré de sa garantie lors de l'opération. Les intérêts de commerce et les principes de la
justice n'exigent pas moins que ceux qui n'ont aucuns
fonds entre les mains, soient pour jamais acquittés de
toute responsabilité, si, à l'époque de l'opération, on
ne les a pas prévenus des réclamations que l'on pouvait avoir à faire contre eux. Ces principes ont été reconnus et sanctionnés par les lois de tous les pays ; et
les quatre ou cinq articles de l'ordonnance, qui se rap-
portent au même sujet, *n'ont d'autre but que de forcer les porteurs à faire à tems cette notification.* Sans
ces principes de droit, il ne pourrait y avoir de lettres
de change ; en effet, si des personnes qui ne tiennent
aucuns fonds entre les mains, ne peuvent pas se tran-

quillisér du moment qu'on aura négligé de leur notifier le protêt à l'époque de l'opération, il n'y a
plus qu'un insensé qui voudrait mettre sa signature
à une lettre de change. Qui voudrait se mettre tellement à la discrétion d'un porteur de traite, que
celui-ci pût le forcer d'aller en pays étranger, peut-
être en Chine (on ne sait après combien d'années),
pour constater l'état des comptes entre tiers ?

Le but du 16ᵉ. article a été, ou de changer totale-
ment la loi concernant la responsabilité des tireurs ou
endosseurs, et de la recréer sur des principes entièrement inconnus dans tout autre pays et même en France,
à toutes les époques précédentes ; ou bien l'intention en
a été seulement de reconnaître le principe établi, et de
le mettre en vigueur.

Pour décider lequel de ces deux objets a été réellement présent à l'esprit du rédacteur, il faut parcourir
l'ordonnance toute entière, en tant qu'elle se rapporte
à ce sujet. — L'édit commence par un préambule où,
après avoir exprimé sa satisfaction relativement aux suc-
cès dont les institutions commerciales d'alors avaient été
suivies ; on déclare qu'*il a été jugé nécessaire de pourvoir
à leur durée par des réglemens qui empêchassent les négocians d'être détournés de leur emploi par la longueur des
procès, et de consumer, en frais, le plus liquide de ce
qu'ils ont acquis.* — L'ordonnance part de ce point, et
dans un texte qui s'étend jusqu'à 12 titres, elle spécifie
les formalités qu'il faudra remplir dans tels et tels cas,
la *manière* de faire telle et telle chose, et enfin quels seront les tribunaux qui doivent prononcer sur les diffé-

rentes questions. Il y a, dans l'ordonnance, 124 articles, et tous, conformes à ce qui a été annoncé au commencement de l'édit, ne sont que purement réglementaires.

Il n'y a pas un seul article (à moins que ce ne soit celui dont nous parlons) qui change un seul principe radical.

La teneur générale de l'ordonnance n'indique pas assurément l'intention de changer les bases premières du commerce telles qu'elles ont toujours subsisté.

Si tel en avait été le but, on eût énoncé clairement le principe en indiquant toute l'étendue qu'il devait avoir, et on ne nous eût pas réduit à deviner le tout. Jamais on n'eût fait une pareille innovation, par un article de trois lignes rédigé d'une manière pour le moins obscure, et dont les expressions doivent être entendues dans un sens directement contraire, en parcourant le paragraphe suivant ; expression qui, dans l'article même où elles se trouvent, présentent un sens tout-à-fait contraire, lorsqu'on les applique aux billets négociés, quoique les raisons soient parfaitement les mêmes dans l'un et l'autre cas.

Il n'y a pas d'absurdité qui, une fois reçue, ne se trouve bientôt étayée par des raisonnemens et des principes quelconques, tels du moins qu'ils suffisent pour contenter ceux qui ont adopté l'erreur principale. Il ne fut pas plutôt entré dans l'esprit de certains hommes que *tous* les tireurs et endosseurs étaient tenus de prouver qu'il avait été fait provision des fonds entre les mains de celui sur qui la traite avait été tirée, et que s'il arrivait qu'un seul d'entre eux eût les fonds, tous les autres

B

*étaient responsables pour lui, que de suite ils se mirent
à rechercher la raison de cette règle. Ne pouvant
pas trouver de raisons à la main, il fallut en faire. En
conséquence, ils en inventèrent une. La signature des
tireurs et endosseurs, ont-ils dit, implique la promesse,
non-seulement que la traite sera payée, mais encore qu'il sera
fait provision des fonds entre les mains de celui sur qui la
traite a été tirée.* Ce raisonnement, il faut l'avouer, cadre
exactement avec le principe auquel il sert d'appui.

Qu'on demande à ces hommes pourquoi ils s'imaginent que la signature des tireurs ou des endosseurs implique une telle promesse ; ils vous disent que la *règle*
même, qu'ils prétendent établir, démontre l'existence
de la *promesse*. Ils viennent déja de vous dire que l'existence de la promesse démontre l'existence de la règle.
Rien de plus commode assurément que de pouvoir ainsi
prouver l'existence de la règle par la promesse, et l'existence de la promesse par la règle.

Il ne peut-être du moindre avantage au porteur de
la traite que le tireur ou les endosseurs remettent les
fonds à l'accepteur ; au contraire, soit que le porteur ait
eu soin, ou non, de faire à tems la diligence nécessaire,
il est plus avantageux pour lui que les fonds n'aient pas
été remis : car, si la traite est acceptée, il a la garantie
de l'accepteur, qu'il y ait des fonds ou qu'il n'y en ait
pas. Si la traite n'est pas payée, et que l'accepteur ne
soit pas en état d'y faire honneur, il vaut mieux pour le
porteur que les fonds soient entre les mains du tireur
ou de quelqu'endosseur : car, dans ce cas, il n'aura pas
seulement la garantie de l'accepteur, mais encore de

celui qui tient les fonds. Sa garantie, relativement aux fonds (lorsque ceux-ci se trouvent entre les mains d'un autre que l'accepteur), est pour le moins aussi solide qu'elle le serait , si les fonds se trouvaient entre les mains de l'accepteur même. Le porteur n'est donc lésé en rien par la négligence de la remise des fonds, et ne saurait, par conséquent, faire des réclamations pour cause de négligence, sur d'autre que celui qui tient les fonds. Relativement à la nature des lettres de change, on pourrait tout aussi bien supposer qu'elles renferment la promesse de faire un pélerinage à la Mecque.

Qu'il n'existe véritablement aucune promesse qui oblige à faire la remise des fonds, c'est ce qu'il est facile de démontrer. En effet, s'il existait une promesse de ce genre, et qu'on ne la remplît pas, le porteur de la traite serait autorisé à se pourvoir en justice contre les tireurs et les endosseurs, quand même la traite aurait été acceptée; car l'acceptation de la traite ne fait que remplir une des conditions de la promesse. Si la traite renfermait une promesse quelconque de faire provision des fonds, ce ne serait pas satisfaire à l'engagement que de l'accepter, et le porteur aurait droit de poursuivre, même avant l'échéance, le tireur ou endosseur, aussi bien dans le cas de la non-acceptation de la traite, que dans le cas de l'acceptation. Personne ne voudrait sûrement intenter un pareil procès.

Mais, en supposant qu'une promesse aussi étrange fût renfermée dans une traite, s'ensuit-il de là que les tireurs et endosseurs restent toujours redevables, après que le porteur a négligé le protêt? La négligence, dans ce cas, dégage de toute responsabilité les tireurs et endosseurs, relativement à une promesse plus intéressante, savoir, que la traite sera payée. Il serait donc absurde de supposer que la même négligence ne les acquittât pas de cette promesse accessoire, comme elle l'a fait par rapport à l'obligation principale.

Les partisans du système que nous combattons, prétendent s'attacher à la lettre de l'ordonnance. S'il en était ainsi, ce serait dire très-peu de chose pour eux-mêmes, que d'avouer qu'ils abandonnent l'ordonnance toute entière, pour s'attacher à la lettre d'un seul article. Il n'est pas absolument vrai cependant qu'ils s'attachent à la lettre. 1°. Pour obtenir la responsabilité de tous les tireurs *et* endosseurs, ils changent les mots tireurs *ou* endosseurs, en tireurs *et* endosseurs, ce qui n'est pas du tout littéral. 2°. Si l'on s'attachait à la lettre, l'article exigerait que les tireurs et endosseurs prouvassent que ceux, sur qui la traite avait été tirée, se trouvaient débiteurs envers eux tous (*leur* étaient redevables) ; mais c'est ce qu'ils ne voulaient pas avancer. D'un autre côté, si on peut dire que le sens *littéral* du mot *leur* n'exige ici autre chose que de prouver qu'ils étaient débiteurs envers *un quelconque d'entre eux* ; en ce cas, le tireur et le premier endosseur se trouveraient à l'abri des poursuites du porteur, quand même ils auraient les fonds entre les mains, s'il arrivait que l'accepteur fût redevable envers un quelconque d'entre eux, même le dernier endosseur de la traite ; attendu que le tireur et le premier endosseur auraient pu prouver *littéralement* que ceux sur qui la traite avait été tirée, *leur* étaient redevables. Mais ici ces commentateurs abandonnent tous la lettre, et saisissent parfaitement l'esprit de l'article, en déclarant que le tireur ou le premier endosseur sont tenus de la garantie, s'ils ont les fonds entre les mains, quand même ils prouveraient que l'accepteur leur était redevable, c'est-à-dire, qu'il est débiteur envers quelque endosseur dont la signature sur la traite vient après la leur. 3°. Quand ils appliquent, à tous billets à ordre, les articles relatifs aux lettres de change (parce que la raison en est la même), malgré que le 32e. article qui l'exige, parle seulement d'une espèce de billets, ils laissent entièrement de côté toute la lettre de l'article, et en suivent l'esprit. 4°. Quand ils appliquent, aux porteurs de billets de toute espèce, les dispositions du 16e. article relatives aux effets de la négligence des porteurs de lettres de change, ils montrent assez qu'il n'est pas difficile de démêler le véritable esprit de l'article, aussi abandonnent-ils ce qu'ils appellent à tort la lettre, et ils expliquent très-bien l'article, précisément dans le sens qu'ils y doivent attacher, tant relativement aux lettres de change qu'aux billets. C'est ainsi qu'ils suivent ce qu'ils appellent la *lettre*, tant qu'elle répond à leur but ; ce qui n'arrive pas la moitié du tems.

Beaucoup d'hommes de loi instruits ont vu que l'interprétation qu'on prétendoit donner au 16e. article, ne pouvoit pas être juste ; en conséquence, ils ont entrepris, non de rejeter, comme ils auraient dû le faire, l'interprétation toute entière, mais de l'améliorer en la resserrant, quant à l'étendue de ses effets.

B 3

Les uns ont prétendu que l'ordonnance exige, de la part des *tireurs*, de prouver qu'il a été fait provision des fonds entre les mains de l'accepteur; mais qu'elle n'a pas pu exiger, des *endosseurs*, la même condition. C'est là établir, entre les tireurs et les endosseurs, une distinction qui n'existe que dans leur imagination. Elle est, d'ailleurs, en contradiction avec le texte de l'article. Les partisans de cette règle ainsi rétrécie dans ses effets trouvent cependant, à l'appui de cette distinction, des raisons aussi valables qu'on en saurait trouver pour la règle principale.

D'autres prétendent que l'obligation de prouver qu'il a été fait provision de fonds, s'étend également aux tireurs et endosseurs; mais qu'elle existe seulement dans le cas de traites *non acceptées*. S'il fallait, sous aucune forme, admettre cette doctrine, nous avouons que le texte de l'article et les principes (s'il en peut exister toutefois parmi de telles absurdités), paraîtraient appuyer cette distinction. Le rédacteur de l'article n'avait en vue que des traites non-acceptées; mais les dispositions de l'article, si elles sont bien interprétées, s'étendent à toutes les traites, acceptées ou non.

Il y en a encore qui font une distinction entre les traites qui n'ont pas été protestées à tems et celles dont on n'a pas à tems notifié le protêt. Cette distinction n'a d'autre fondement qu'une interprétation forcée de quelques mots de l'ordonnance. Il est impossible de notifier à tems un protêt qui n'a pas existé, et il est très-inutile de faire le protêt si on ne doit pas aussi en faire la notification. Comme la doctrine toute entière est vicieuse et absurde, toute distinction qui tend à en diminuer les effets, est par cela même bonne.

Cette disposition, du reste, à faire des distinctions, vient du désir que l'on a de se débarrasser d'une partie d'une règle que l'on sent vicieuse dans sa totalité.

Il est malheureux que ces hommes de talens qui se sont occupés à faire des distinctions dans le desir de corriger la règle, n'aient pas plutôt réfléchi sur la nature des obligations contractées par les tireurs et endosseurs de traites, sur les dispositions de la loi telle qu'elle était avant la publication de l'ordonnance, enfin sur les principes établis du commerce. Ils n'auraient pas alors eu de peine à démêler le sens de chaque article, et ils auraient senti que l'ordonnance était très-bonne en elle-même, et tout-à-fait conforme aux principes généralement reconnus, quoiqu'elle renferme des expressions inexactes, ainsi qu'il est prouvé par la difficulté que fait naître l'interprétation de l'article dont il est ici question.

Ils auraient vu que les intérêts du commerce exigent que le porteur d'une traite, toutes les fois qu'il remplit ses devoirs, ait les moyens de recours les plus efficaces contre tous ceux dont la signature se trouve sur la traite. Ils auraient vu que ce recours doit dépendre de la connaissance de ce qui se trouve ostensiblement sur la traite, et non de la connaissance quelconque d'autres circonstances étrangères, de manière que celui qui acquiert la traite, puisse savoir, par la traite même, s'il a déboursé son argent avec garantie, et s'il peut, avec sûreté, endosser la traite à un autre. Ils auraient senti que les tireurs et endosseurs ne peuvent jamais savoir si la traite a été payée ou non, à moins qu'ils n'en soient prévenus par le porteur; en conséquence, que personne ne s'aviserait de mettre sa signature sur une traite, si on n'avait pas la certitude de recevoir à tems la notification, où à défaut de diligence, d'être libres de tout engagement. Ils se seraient apperçus que la loi avait été conforme à ces principes avant la publication de l'ordonnance.

En consultant cette ordonnance même ils auraient vu encore que, loin d'être méconnus, ces principes y sont renouvelés et sanctionnés. Ils auraient vu que l'objet de l'ordonnance était de donner aux lois, déja conformes à ces principes, une précision telle qu'il ne dût plus rester que le moins d'étendue possible à la discrétion des tribunaux. Ils auraient vu que les articles 13, 14 et 15 avaient rendu un service très-important à ce sujet, en fixant le nombre exact de jours sous lequel on devait être tenu de notifier le protêt; tellement qu'un tireur ou endosseur pouvoit savoir, à l'heure, quand toute réclamation cessait à son égard, au lieu qu'avant la publication de l'ordonnance, le nombre des jours dépendoit ou de la discrétion des tribunaux, ou d'usages qui variaient selon les différens endroits. Ils auraient vu que, toujours conformes aux principes, les articles 16 et 17 avaient pour objet d'assurer les droits du porteur là où il ne pouvait en résulter aucun préjudice; mais, au contraire, où il y aurait avantage pour le tireur ou l'endosseur; savoir, dans le cas où l'un ou l'autre d'entre eux eût des fonds qu'il auroit fallu remettre à quelque autre, si la traite avait été payée par l'accepteur. Ils auraient vu que, relativement aux personnes déclarées responsables, il est impossible de ne pas entendre, dans le même sens, les articles 16 et 17, et qu'on n'a jamais soupçonné ou pu croire que l'article 17 obligeât *un tel* à payer, parce que *tel autre* avait reçu les fonds. Ils auraient vu que ces cinq articles (13, 14, 15, 16, 17) s'appliquent précisément de la même manière aux lettres de change et à tous billets à ordre ; que les tribunaux, ainsi que tout le monde, les ont toujours parfaitement bien entendus, relativement aux endosseurs des *billets* de toute espèce, et les ont interprétés de manière à acquitter tout endosseur de pareilles billets, dans le cas où le protêt n'a pas été dûment signifié, mais en exceptant toujours celui qui tient les fonds entre les mains, et celui-là ne saurait vouloir être dégagé de sa responsabilité. Ils auraient donc vu qu'il étoit impossible que ces mêmes articles eussent un sens directement opposé en les appliquant aux *lettres de change*, et que, par ce sens, tel homme devînt responsable, parce que tel autre a les fonds. Ils auraient vu enfin qu'assujettir un des signataires d'une traite à prouver l'état des comptes entre deux autres (comme cela devait arriver, si chaque tireur ou endosseur était tenu de prouver que l'accepteur avait provision, ou était redevable à celui qui avait négocié la traite), c'était renverser tous les principes du commerce, et faire une chose sans exemple dans la jurisprudence.

Rien ne démontre mieux combien l'interprétation que l'on voudrait donner à l'article 16, est incompatible avec la nature des lettres de change, et répugne aux idées des négocians et des banquiers, que la difficulté que l'on fait à la recevoir dans le public et dans le commerce. Il s'est déja écoulé cinquante ans environ depuis qu'on a essayé d'établir cette interprétation. Pendant tout ce tems l'ordonnance a été entre les mains de tous les hommes de loi et de toute cette classe de banquiers, négocians, agens de change et autres dont l'opinion est de quelque poids dans ces matières, et elle y a toujours été accompagnée des notes du commentateur qui est le père de cette interprétation. On lit ces notes avec presqu'autant de respect que le texte même, et l'interprétation a été reçue, la plupart du tems, avec plus ou moins de restrictions, dans quelques tribunaux de commerce. Cependant la doctrine n'en est pas encore généralement adoptée, même à Paris, où l'erreur a pris le plus fortement racine à cet égard, et dans beaucoup d'endroits ; peut-être dans la plus grande partie de la France, elle est entièrement rejetée.

Je conçois qu'en demandant à un huissier ou à un procureur de Paris, s'il est vrai que le tireur ou endosseur d'une traite échue depuis quelques années, et qui n'a jamais été protestée, ou dont le protêt n'a jamais été notifié, soit maintenant tenu de la payer ; je conçois, dis-je, qu'il se mette à rechercher s'il a été, ou non, fait provision des fonds, ou bien qu'il fasse quelques distinctions savantes entre les tireurs et les endosseurs, entre des traites acceptées et des traites non acceptées, ou enfin qu'il imagine quelqu'autre distinction également importante : qu'on fasse la même question à cette classe de négocians et banquiers qui fréquentent les tribunaux pour arranger leurs affaires ; ceux-là aussi ne seront peut-être pas moins savans que les huissiers. Mais les banquiers respectables et les mieux instruits n'admettront jamais, du moins en général, des distinctions de cette espèce. Quelques-uns d'entre eux se croient obligés de suivre ce qu'ils supposent être la règle auprès des tribunaux de commerce. Mais plus généralement ils vous disent, d'une manière explicite : *Nul tireur ni endosseur n'est responsable d'une traite qui n'a pas été dûment protestée et dûment notifiée, à moins qu'il n'ait les fonds entre les mains,* et jamais homme, nanti des fonds, n'a demandé s'il était tenu de payer.

Tout homme, et même l'huissier, vous rendra la même réponse, si, au lieu de parler de lettres de change, vous parlez des endosseurs sur un billet à ordre. Tout le monde convient que la raison est la même dans les deux cas, et l'un et autre sont déterminés par le même article.

La règle doit donc être nécessairement la même dans l'un et l'autre cas, et, si l'ordonnance n'eût pas été interprétée de manière à se trouver en contradiction avec le but même qu'on s'était proposé en la rédigeant, on serait convenu, de toutes parts, que nul tireur ni endosseur de lettres de change, et pareillement nul endosseur de billets d'aucune espèce, n'est tenu à la garantie, à moins que le protêt n'ait été dûment fait et notifié, excepté néanmoins le cas seul où il aurait les fonds entre les mains.

CHAPITRE II.

De quelques erreurs qui résultent de l'interprétation forcée que-l'on donne à l'ordonnance de 1673.

DES hommes recommandables par leurs talens et leurs lumières voudraient obliger les tribunaux à rechercher si l'exécution et la notification du protêt en tems prescrit, a pu être de quelqu'utilité pour le tireur ou l'endosseur. Ils voudraient qu'on pût s'assurer si le tireur ou l'endosseur, auxquels on demande aujourd'hui le remboursement de la traite, auraient pu tirer quelqu'avantage de la notification en tems utile. Ils savent bien, et ils en conviennent, que leur prétention n'est pas fondée sur l'ordonnance, car il n'y a rien qui soit, en même tems, plus opposé à l'esprit et à la lettre. Mais ils soutiennent que si le tireur ou l'endosseur n'eût souffert aucun dommage par la négligence du porteur de la traite, la justice exige qu'ils ne puissent pas s'en prévaloir pour se dispenser d'en faire le remboursement.

Nous soutenons, à notre tour, qu'aucun principe de justice, étranger au contrat garanti par la signature, ne peut obliger celui qui n'a pas les fonds entre ses mains, qui ne les a jamais eus, ou qui, après les avoir reçus, les a remis, comme il le devait, à celui de qui il a acheté la traite, de faire le remboursement de cette traite. Il ne doit rien, et rien n'est plus injuste que de l'obliger à payer lorsqu'il n'y est pas engagé par sa signature.

Voici le langage que les partisans de cette doctrine voudraient faire tenir, par les tribunaux, au tireur ou à l'endosseur d'une traite :

« En mettant votre signature au bas de cette traite,
» vous avez contracté l'obligation de la payer, dans le
» cas où celui, sur qui elle a été tirée, ne la paierait pas.
» Il est vrai que votre obligation était subordonnée à la
» condition que la traite serait présentée à l'échéance,
» et que, dans le cas où elle ne serait pas payée, le por-
» teur vous en informerait dans un tems raisonnable.
» Comme on n'a pas rempli cette condition, l'obliga-
» tion que vous avez contractée par votre signature, de-
» vient nulle. Mais n'est-il pas également vrai que le
» porteur de la traite aurait pu, s'il l'avait jugé à propos,
» la faire protester et vous notifier le protêt en tems
» utile, et que, s'il l'avait fait, les conditions renfer-
» mées dans votre contrat auraient été remplies, et qu'a-
» lors votre contrat serait devenu obligatoire ? Eh bien !
» le tribunal a recherché quels pouvaient être les moyens
» que vous auriez pu employer pour obtenir votre rem-
» boursement des autres signataires de la traite ; et il a
» reconnu que ceux, sur lesquels vous auriez pu exercer
» votre garantie, étaient hors d'état de vous payer. Que
» vous serait-il arrivé si votre contrat eût été absolu et
» sans condition ? vous eussiez été obligé de payer ; et
» comme le résultat de nos recherches nous autorise à
» le croire, vous eussiez perdu votre argent. Que peut-
» il vous arriver aujourd'hui ? de perdre votre argent.
» Ainsi votre situation n'a pas changé, et en conséquence

» le tribunal annulle la condition renfermée dans votre
» contrat, et vous condamne, »

Tel devrait être le dispositif de tout jugement rendu
d'après un pareil principe. Mais quand bien même il
paraîtrait utile et convenable, aux yeux de la justice,
de tenir un tel langage, les moyens que le tribunal
pourrait employer pour acquérir la connaissance de ce
qu'aurait été la position du tireur ou endosseur, s'ils
avaient été notifiés du protêt en tems utile, ne produi-
raient, en dernier résultat, que doutes et incertitudes.

Rien de plus difficile que de savoir ce qu'on peut
retirer d'un homme dont la situation éprouve quelques
embarras. Cela dépend de la dextérité du créancier, d'un
moment de bonne volonté de la part du débiteur, de
la situation et des dispositions de ceux qui pourraient
l'aider de leurs moyens; en un mot, d'une multitude de
circonstances, sur lesquelles un homme qui met sa signature au bas d'une traite, peut compter au moment de
l'opération; mais qui sont susceptibles d'une infinité de
variations, et dont plusieurs sont peu ou point connues
de toute autre, même à l'époque où elles ont existé,
et qui, par conséquent, pourraient bien plus difficilement
parvenir à la connaissance d'un tribunal, plusieurs années
après qu'elles ont cessé d'avoir lieu. Et quand même on
pourrait se procurer ces renseignemens, ils ne pourraient
jamais servir de base à un jugement contraire à l'ordonnance et incompatible avec le droit que le tireur ou l'endosseur a d'être informé à tems du protêt, et de cher-
cher, pour lui-même, des moyens de garantie.

Mais quand il serait possible de découvrir, avec la plus

grande certitude, quelle aurait pu être la situation du tireur ou de l'endosseur, dans le cas où le protêt lui aurait
été notifié en tems utile, ce ne serait pas encore là un
motif de tenter cette découverte. Les partisans de ce sys-
tême oublient donc que la notification du protêt, en
tems utile, n'a pas pour objet unique, ni même pour
objet principal, de mettre le tireur ou l'endosseur à
même de pouvoir exercer sa garantie; ils paraissent ig-
norer qu'il est de la plus grande importance, pour un
négociant ou pour un banquier, de connaître exactement
l'étendue des réclamations que l'on peut faire sur lui;
que, sans cette connaissance, il ne pourrait jamais placer
avec sécurité ses fonds dans aucune entreprise, et que
personne ne voudrait confier son argent à un banquier
qui ne pourrait jamais lui-même se rendre compte de sa
situation. Quel serait, en effet, le négociant qui pourrait connaître sa situation, si, plusieurs mois, plusieurs
années même après l'échéance d'une traite, on pouvait
se présenter à lui pour lui faire des réclamations de cette
nature? Si telle était l'intention de la loi, il n'y aurait
qu'un intrigant qui voudrait mettre sa signature au bas
d'une traite. Déja les banquiers font assez de difficultés
pour mettre leur nom au bas d'une traite qui a plus de
deux ou trois mois à courir, parce qu'ils ne veulent pas
rester plus long-tems dans l'incertitude : mais, si ce principe pouvait être admis, toutes les traites qu'ils auraient
signées seraient pour eux un sujet éternel d'inquiétudes
et d'angoisses.

L'objet que les partisans de ce système ont en vue, en
introduisant un pareil désordre dans le commerce, est

d'obliger un homme qui *n'a pas les fonds entre les mains*, et qui *n'est pas engagé par sa signature*, parce que les conditions contenues dans son contrat et exigées par la loi, n'ont pas été remplies, de rembourser le porteur d'une traite, qui n'a pas fait ce qu'il devait faire, en notifiant le protêt. Et c'est cela qu'ils appellent *Justice*.

Ce principe est inadmissible, et ne peut, en conséquence, former aucune exception à la règle établie dans le chapitre précédent.

___

CHAPITRE III.

Des lettres de change et billets à ordre protestés avant l'échéance.

Celui sur qui on a tiré une lettre de change est, non-seulement tenu, s'il a les fonds entre les mains, de la payer à l'échéance, mais il est encore obligé de tenir ces fonds prêts jusqu'au moment où on les lui demandera.

Si les fonds n'ont pas été remis à celui sur qui la lettre de change a été tirée, celui qui les retient ne cesse pas d'être débiteur pour le montant de la traite ; c'est pourquoi un protêt fait *après* l'échéance, quoique fait trop tard, sous certains rapports, atteste néanmoins qu'il y a eu négligence quelque part, et cette négligence doit être imputée ou à celui sur qui la lettre de change a été tirée, ou à celui qui aurait dû fournir les fonds, ou à tous les deux, si la lettre de change a été acceptée. Un protêt fait même après l'échéance peut donc, dans ce cas, être un juste motif pour poursuivre le paiement de la traite dans certaines circonstances, telles que celles dont on a parlé dans les chapitres précédens,

Mais il n'en est pas de même d'un protêt fait *avant* l'échéance. Un pareil protêt n'est pas une preuve qu'il ait existé nulle part aucune faute, aucune négligence, et ne peut, dans aucun cas, être un motif suffisant pour exercer aucune réclamation contre qui que ce soit.

CHAPITRE IV.

De l'époque de l'échéance des lettres de change et billets à ordre.

DANS la plupart des villes de commerce, les lois ou l'usage accordent un certain nombre de jours au-delà du terme spécifié dans la lettre de change pour son paiement. On les appelle *Jours de grace*, et forment, avec ceux exprimés dans la lettre de change, le tems qui est accordé pour en parfaire le paiement. Il est donc né-cessaire de calculer l'échéance sur l'usage établi dans le lieu où la lettre de change est payable.

Il y a des endroits où l'on accorde trois ou six jours de grace, ou plus, pour le paiement des lettres de chan-ge, mais où les lois et l'usage autorisent l'accepteur à payer à l'expiration du terme spécifié dans la traite, sans profiter des jours de grace.

Dans un pays comme celui-là, une lettre ou un billet au porteur, payé à un individu qui l'aurait obtenu par fraude, serait aussi valablement payé que si l'accepteur avait attendu jusqu'au dernier jour de grace; mais comme l'accepteur a eu le droit d'attendre ce dernier jour de grace, on ne peut lui faire aucun reproche de n'avoir pas payé plutôt, et un protêt fait avant ce dernier jour ne peut être la base d'aucune poursuite contre qui que ce soit.

CHAPITRE V.

Des cas où le paiement d'une lettre de change est demandé par un officier public, et le protêt fait par un autre.

DANS quelques lieux la loi permet que le protêt d'une lettre de change soit fait par un notaire, sur la déclaration d'un officier public, portant qu'il en a demandé le paiement et qu'il a été refusé, et il arrive que, dans les pays où cet usage prévaut, le protêt est souvent fait le lendemain de l'échéance; mais comme on a toujours soin d'exprimer dans le protêt que la demande du paiement a été faite le jour de l'échéance, il est aussi régulier que s'il avait été fait le jour même de l'échéance. Ce qui est indispensable, c'est que la demande de paiement soit faite en tems utile, et c'est ce qui se prouve par le protêt.

9 782329 124001